Leer el periódico

Cálculo con números de dígitos múltiples

Dawn McMillan

Créditos de publicación

Editor
Peter Pulido

Editora asistente
Katie Das

Directora editorial
Emily R. Smith, M.A.Ed.

Redactora gerente
Sharon Coan, M.S.Ed.

Directora creativa
Lee Aucoin

Editora comercial
Rachelle Cracchiolo, M.S.Ed.

Créditos de imágenes

La autora y el editor desean agradecer y dar crédito y reconocimiento a los siguientes por haber dado permiso para reproducir material con derecho de autor: portada © Photolibrary.com; p.1 Big Stock Photo.com/© Photo Euphoria; p. 4 Alamy; p. 5 Alamy; p. 6 Photodisc; p. 7 Photodisc; p. 8 Alamy; p. 9 Big Stock Photo.com/© Sparkia; p. 10 (izquierda) Getty Images; p.10 (superior derecho) Photodisc; p. 10 (fondo derecho) Harcourt Index; p. 11 Big Stock Photo.com; Photodisc; p. 12–13 Big Stock Photo. com/© McLendenen; p. 14 Shutterstock.com/© Supri Suharjoto; p. 15 Big Stock Photo.com/© Microdac; p. 16 Newspaper Association of America; p. 17 Big Stock Photo.com/© Nruboc; p. 19 © Vinicius Tupinamba/Shutterstock.com; p. 20 Big Stock Photo.com/© Scott; p. 21 Shutterstock; p. 22 Big Stock Photo.com/© Party of 7; p. 23 (superior izquierdo) Big Stock Photo.com/© Slowgrove; p. 23 (superior derecho) Photodisc; p. 23 (fondo izquierdo) Photodisc; p. 24 Alamy; p. 25 (superior) Photodisc; p. 25 (derecha) Photodisc; p. 26 (superior) Rob Cruse; p. 26 (fondo) Newspaper Association of America; p. 27 Photolibrary.com

Aunque se ha tomado mucho cuidado en identificar y reconocer el derecho de autor, los editores se disculpan por cualquier apropiación indebida cuando no se haya podido identificar el derecho de autor. Estarían dispuestos a llegar a un acuerdo aceptable con el propietario correcto en cada caso.

Teacher Created Materials

5301 Oceanus Drive
Huntington Beach, CA 92649-1030
http://www.tcmpub.com
ISBN 978-1-4333-0510-8
© 2009 Teacher Created Materials
Printed in China
Nordica.042018.CA21800320

Contenido

Lleno de datos

Un periódico nos cuenta noticias locales y mundiales. También está lleno de datos. Los datos son información.

Recibir las noticias

Más de 116 millones de adultos americanos leen periódicos durante la semana o los domingos.

Los periódicos tienen historias. Algunas historias tienen fotografías. Algunas tienen gráficas y tablas.

Exploremos las matemáticas

Esta tabla muestra las ventas diarias de 2 periódicos durante 1 semana.

Ventas diarias

	Herald	Times
lunes	101	104
martes	94	98
miércoles	127	125
jueves	104	117
vienes	110	128
sábado	193	199
domingo	201	218

a. Redondea los números a la decena más cercana.

b. Luego, **calcula** cuántos ejemplares de cada periódico se vendieron.

Las partes del periódico

Los periódicos tienen muchas partes. Cada parte recibe un nombre según la sección del periódico que es. Algunas secciones son:

- noticias mundiales
- deportes
- **estilo de vida**
- **clasificados**

- noticias **locales**
- negocios
- clima

¿Quién lee qué?

Muchas personas leen los periódicos.

Hay historias y diferentes secciones de interés para todos.

¿Qué sección del periódico lee la mayoría de la gente?	
Sección del periódico	% de lectores durante la semana
Noticias mundiales	87
Noticias locales	83
Negocios	58
Deportes	60
Entretenimiento	66
Comida/cocina	56
Clasificados	55

A veces la sección estilo de vida tiene **recetas** sabrosas para que las intentes preparar en casa.

Cocinar

Una delicia mexicana

La comida mexicana es sabrosa y fácil de hacer. Prueba nuestra nueva receta.

Exploremos las matemáticas

Observa la tabla en la página 6.

a. ¿Qué sección del periódico lee la mayoría de los lectores?

b. ¿Qué porcentaje (%) de lectores lee la sección de deportes?

Las noticias locales

Esta sección se trata de noticias cerca de casa. Allí puedes leer sobre tu escuela. Tu escuela necesita nuevos libros. ¿Cómo conseguirá dinero para comprarlos? Quizás los estudiantes recaudarán dinero. Las noticias locales nos hablan de eso.

Hilltown Gazette

Los niños recaudan dinero

Estos niños de la escuela primaria Hilltown recaudaron $1,200 el sábado.

El dinero se usará para comprar libros nuevos para la biblioteca de la escuela.

Semáforos en calle Cooper

También puedes leer sobre otros vecindarios. Puedes enterarte que otro vecindario tendrá un parque nuevo.

El nuevo parque de Littleville

Tras meses de espera, los niños de Littleville tienen un nuevo campo de juego. Eliza, de 6 años, dice: "¡Apenas puedo esperar para usar la resbaladilla!"

Exploremos las matemáticas

Los niños de la escuela primaria Hilltown realizaron una venta de productos horneados. Algunos pasteles fueron más populares que otros.

La gráfica muestra el número y tipos de pasteles vendidos en la venta de productos horneados.

Venta de productos horneados de la escuela primaria Hilltown

Número de pasteles vendidos

Tipos de pasteles vendidos

■ chocolate
■ plátano
■ zanahoria
■ manzana

a. ¿Qué pastel fue el más popular?

b. ¿Qué pastel fue el menos popular?

c. Calcula cuántos más pasteles de manzana se vendieron que pasteles de plátano.

Las noticias mundiales

Esta sección trata sobre noticias de todo el mundo. Tendrá noticias sobre nuestro propio país y también de otros países. En esta sección puedes leer sobre los líderes mundiales.

Crisis de alimentación mundial

Los líderes del mundo tuvieron una junta hoy. Hablaron sobre la crisis de alimentación. Algunas personas alrededor del mundo no tienen suficiente qué comer. Los líderes hablaron sobre algunas manera para ayudar a solucionar este problema.

por Paul Evans

Una historia sobre el **calentamiento global** también puede estar en esta sección del periódico.

Calentándose

Algunos **científicos** dicen que el clima del mundo se está calentando.

Esta tabla ofrece datos sobre la **temperatura** de California de 1960 al 2000.

Temperatura promedio de California

Año	Temperatura promedio de California (Fahrenheit)
1960	59.0°
1970	58.9°
1980	59.6°
1990	59.6°
2000	60.1°

Esta historia sobre una noticia mundial habla de un **eclipse solar total**. Una tabla muestra cuándo sucederá en los próximos años.

¡Eclipse solar hoy!

Muchas personas del mundo verán un eclipse solar total hoy. Esto sucede cuando la Luna pasa entre el Sol y la Tierra. La luz del Sol queda bloqueada, o eclipsada, por la Luna.

Eclipses solares totales en 2008–2009		
Año	2008	2009
Día y mes	1 de agosto	22 de julio

Exploremos las matemáticas

La tabla muestra cuántos eclipses solares totales han ocurrido entre los años 1500 y 1999.

Número de eclipses solares totales cada 100 años

Años	Eclipses solares totales
1500–1599	59
1600–1699	60
1700–1799	63
1800–1899	62
1900–1999	62

a. Redondea los números a la decena más cercana.

b. Calcula cuántos eclipses solares totales ocurrieron entre los años 1500 y 1999.

c. Suma los números verdaderos. ¿Qué tan cercano fue tu cálculo?

Los negocios

En esta sección puedes leer sobre una empresa a la que le va bien. Las gráficas muestran cuánto crecen los negocios.

"Good Food" crece

A la compañía "Good Food" le está yendo muy bien. La señorita Chin es la propietaria. Ella dice que el negocio ha crecido mucho desde el inicio de la compañía en el 2000.

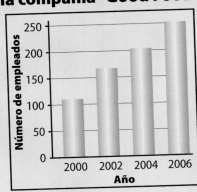

Número de empleados de la compañía "Good Food"

La sección de negocios también habla de dinero. Imagínate que vas a hacer un viaje al extranjero. Es importante saber cuánto vale tu dinero en otras **monedas**.

Monedas del mundo

Dólar estadounidense	Otras monedas
1	$1.02 canadiense
1	£0.50 británica
1	¥107.27 japonés
1	€ 0.69 euros

actualizado en enero del 2008

¡Las vacaciones se acercan! Muchos estadounidenses viajan al extranjero. La tabla anterior muestra cuánto vale el dólar estadounidense en diferentes monedas. Si viajas a Japón, un dólar estadounidense valdría un poco más de ¥107.00.

Los deportes

¿Quieres leer sobre tu equipo favorito?
Ve la sección de deportes del periódico. Las tablas muestran lo bien que están jugando los equipos.

Resultados del fútbol

G = ganados   P = perdidos   E = empates

Equipo	G	P	E
Club de fútbol de Seaville	3	2	0
Los ganadores del Valle Verde	2	2	1
Los pateadores de la ciudad Grande	2	3	0
Nuevos jets	1	3	1
Los roqueros de la costa	0	3	1

Muchas historias de deportes tienen fotografías.
Puedes encontrar una fotografía de tu **atleta** favorito.

Mandy gana otra vez

La golfista local Mandy Brooks derrotó a otras 16 golfistas para ganar el trofeo del Abierto de Greensborough.

Exploremos las matemáticas

En el 2007, el Mercury de Phoenix ganó el campeonato de la WNBA. El equipo registra los datos de todas sus jugadoras. La tabla muestra las cinco primeras anotadoras de este equipo ganador.

Cinco anotadoras principales del Mercury de Phoenix, 2007

Nombre de la jugadora	Puntos anotados
C. Pondexter	215
D. Taurasi	179
P. Taylor	174
K. Miller	105
T. Smith	105

a. Redondea cada número a la centena más cercana.

b. Suma tus números redondeados para calcular los puntos anotados totales.

c. Suma los números verdaderos. ¿Qué tan cercano fue tu cálculo?

El clima

¿Estará soleado o lloverá hoy? La sección del clima te dirá cómo será el clima cada día.

Clima

Los Ángeles

HOY

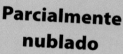

Parcialmente nublado

Baja	Alta
55º F	75º F

¡Recíclalo!

Recicla tu periódico cuando hayas terminado de leerlo. En el 2005, más del 69% de los periódicos viejos fueron reciclados.

Tú también puedes leer el **pronóstico** del tiempo para los días siguientes en las ciudades de tu país y del mundo.

La ciudad de
Londres, Inglaterra

Exploremos las matemáticas

Las siguientes ciudades se encuentran a bajas altitudes.

Ciudad	País	Altitud
Londres	Inglaterra, Reino Unido	49 pies
Melbourne	Australia	209 pies
Mumbai	India	91 pies
San Diego	Estados Unidos	13 pies
Shanghai	China	26 pies

a. Redondea cada número a la decena más cercana.

b. Calcula cuántos pies más baja está Shanghai que Londres.

c. Calcula cuántos pies más alta está Melbourne que San Diego.

Estilo de vida

La sección de estilo de vida trata sobre cosas que a la gente le gusta hacer. Algunas veces, se le llama la sección de entretenimiento. ¿Quieres ir de viaje? Puedes leer sobre un país que deseas visitar.

Viaje a África

Ir a África es un viaje único. Al amanecer observamos a las jirafas bebiendo de un charco.

Exploremos las matemáticas

La tabla siguiente muestra el número de especies diferentes que se encuentran en un parque natural de Sudáfrica.

Especies que se encuentran en el parque natural

Tipo de especie	Especies diferentes
árboles	336
reptiles	114
aves	507
mamíferos	114

a. Redondea cada número a la centena más cercana.

b. Suma al cálculo el número total de especies diferentes.

c. Suma los números verdaderos. ¿Qué tan cercano fue tu cálculo?

¿Te gusta ir al cine? La sección de estilo de vida te puede decir si las películas son buenas o malas.

¡En el cine!

 – mala   – buena  – muy buena

El mapa del tesoro

Esta película de acción trata de un hermano y hermana que encuentran el mapa de un tesoro. El mapa los guía por los mares.

Alex y los dinosaurios

Es una divertida historia de aventura sobre Alex, que viaja en una máquina del tiempo. Aterriza justo al lado de un T-rex y la acción empieza.

Días del delfín

Esta película animada es para niños pequeños. Trata de 3 delfines que ven a la gente hacer surf y también quieren aprender a hacerlo.

Sembrar un jardín puede ser divertido. En la sección de estilo de vida puedes aprender cuándo es el mejor momento para plantar las semillas.

Retoño

¡Otro año nuevo en el jardín! Aquí encontrarás cuándo sembrar semillas para tener un jardín lleno de vegetales.

Vegetal	Meses	⚪ = Sol pleno ◑ = Sombra parcial
frijoles	mayo	⚪
col	de julio a agosto	◑
zanahorias	de abril a mayo	⚪ ◑
papas	de marzo a junio	⚪

Cocinar

¡A todos les gusta la sección de comida! En ella puedes encontrar recetas para tu comida favorita.

Pizza en casa

Receta de pizza

Ingredientes para la pasta

- 1 taza de agua caliente
- $3\frac{1}{2}$ tazas de harina para todo uso
- 2 cucharadas de aceite de oliva
- 2 cucharaditas de miel
- 1 cucharadita de sal
- 1 cucharadita de levadura

Es hora de dejar de comprar pizza. En lugar de ello, hágala en casa. Es un plato fácil de preparar. Y a los chicos les encantará ayudar en la cocina.

Clasificados

Los clasificados son pequeños **anuncios**. ¿Te gustaría comprar un auto o una mascota? Entonces, ¡esta sección puede ayudarte!

Exploremos las matemáticas

Esta tabla muestra el número de anuncios de un periódico en una semana.

lunes	martes	mier.	jueves	viernes	sab.	dom.
218	276	395	411	677	1,302	97

a. Calcula cuántos anuncios hubo en la semana.

b. Usa un tipo diferente de cálculo para hacer un nuevo estimado.

c. Compara tus respuestas. ¿Cuál crees que se acerca más a la respuesta verdadera?

Otros anuncios

Los periódicos también tienen muchos otros anuncios. Algunos anuncios te pueden informar de ofertas en un centro comercial.

la oferta termina el lunes

25% de descuento

Ropa *para damas*

Venta *de verano*

Donalandia

Oferta de 2 por 1 cada martes

Colchones Cómodos

Noticias en la red

Hoy puedes leer periódicos en la red. Puedes leer las mismas secciones en los **sitios web** del periódico.

Noticias en la red

Alrededor de 54 millones de usuarios de la red estadounidenses leen los periódicos en la red.

Una buena lectura

Los periódicos son una gran manera de conocer el mundo. Compra tu periódico local. ¿Cuáles son las historias que te gusta leer? ¿Qué sección es tu favorita?

Leer de por vida

Muchas escuelas reciben periódicos. Los datos muestran que si los periódicos fueran usados en las escuelas primarias, 62% de los adultos jóvenes seguirían leyendo los periódicos después de completar su educación escolar.

¡Un éxito de taquilla!

Se ha estrenado una nueva película de aventuras y todos quieren verla. ¡La crítica del periódico le dio 4 de 5 estrellas! Los jefes del estudio de la película piensan que ganará mucho dinero. Los jefes deciden ver los boletos de venta en Ciudad Sureña para saber cuánto dinero está haciendo la película.

En Ciudad Sureña, miles de personas van a ver la película durante la primera semana. La tabla muestra cuánta gente vio la película cada día.

lun	mar	mie	jue	vie	sab	dom
684	538	372	629	893	981	843

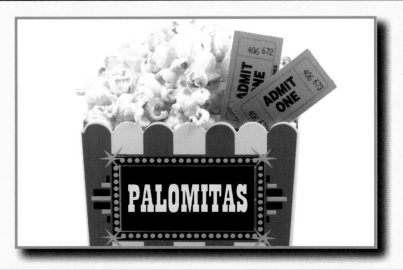

¡Resuélvelo!

a. Si un boleto para la película cuesta $9.95, calcula cuánto dinero hizo la película en Ciudad Sureña en la primera semana.

Usa los siguientes pasos para ayudarte a resolver el problema.

Paso 1: Redondea los números de personas que vieron la película cada día a la centena más cercana. Esto te dará un **estimado** del número de personas que vieron la película cada día.

Paso 2: Suma los números redondeados de toda la semana. Esto te dará el número total estimado de gente que vio la película en la primera semana.

Paso 3: Redondea el costo del boleto al dólar más cercano.

Paso 4: Multiplica el número de personas que vieron la película por el costo de cada boleto. Esto te dará la cantidad total de dólares por venta de boletos en Ciudad Sureña para la primera semana del estreno de la película.

Glosario

altitud—la altura de algo

anuncios—noticias públicas que venden productos o servicios

atleta—una persona entrenada para competir en los deportes

calentamiento global—un aumento en la temperatura del aire de la Tierra

científicos—gente que recopila datos a través del estudio y la observación

clasificados—publicidad corta por lo general agrupada con anuncios similares en una sección del periódico

clima—el tiempo de un lugar o región

eclipse solar total—el evento que ocurre cuando el sol es cubierto completamente por la luna

estilo de vida—la forma de vivir de una persona, grupo o cultura

local—referido a un área

monedas—dinero, como billetes y monedas

pronóstico—el reporte de temperaturas en diferentes lugares del mundo

recetas—la lista de ingredientes e instrucciones para hacer comida

sección—una parte de algo

sitio web—grupos de páginas electrónicas que se encuentran en la red

temperatura—qué tan caliente o frío está algo, por lo general se muestra en grados

Índice

Exploremos las matemáticas

Página 5:

a.

	Herald	Times
lunes	100	100
martes	90	100
miércoles	130	130
jueves	100	120
viernes	110	130
sábado	190	200
domingo	200	220

b. Herald = 920 vendidos.
Times = 1,000 vendidos.

Página 7:
a. La mayoría de lectores lee la sección de Noticias mundiales.
b. El 60% de los lectores lee la sección de Deportes.

Página 9:
a. El pastel de chocolate fue el más popular. **b.** El pastel de zanahoria fue el menos popular.
c. Se vendieron 50 pasteles de manzana más que pasteles de plátano.

Página 13:

a.

Años	Eclipses solares totales
1500—1599	60
1600—1699	60
1700—1799	60
1800—1899	60
1900—1999	60

b. Aproximadamente 300 eclipses solares totales ocurrieron entre los años 1500 y 1999.
c. 306 eclipses solares totales ocurrieron entre los años 1500 y 1999.

Página 17:

a.

Nombre de la jugadora	Puntos ganados
C. Pondexter	200
D. Taurasi	200
P. Taylor	200
K. Miller	100
T. Smith	100

b. 800 puntos ganados
c. 778 puntos ganados

Página 19:

a.

Ciudad	País	Altitud
Londres	Inglaterra, Reino Unido	50 pies
Melbourne	Australia	210 pies
Mumbai	India	90 pies
San Diego	Estados Unidos	10 pies
Shanghai	China	30 pies

b. Shanghai está 20 pies más baja que Londres.
c. Melbourne está 200 pies más elevada que San Diego.

Página 20:

a.

Tipo de especie	Especies diferentes
árboles	300
reptiles	100
aves	500
mamíferos	100

b. Número total estimado de especies diferentes: 1,000.
c. 1,071

Página 24:
Las respuestas pueden variar dependiendo de los cálculos.

Actividad de resolución de problemas

Paso 1:

lunes	martes	mie.	jueves	viernes	sab.	dom.
700	500	400	600	900	1,000	800

Paso 2: 700 + 500 + 400 + 600 + 900 + 1,000 + 800 = 4,900
Paso 3: $9.95 redondeado al dólar más cercano = $10.00
Paso 4: 4,900 x $10.00 = $49,000.00
La película recaudó aproximadamente $49,000.00 en Ciudad Sureña durante su primera semana.